LES ADIEUX

D'UN VIEUX MAITRE

A SES NOMBREUX ÉLÈVES.

Venatione ceperunt me quasi avem inimici mei gratis.

Ceux qui me haïssent sans sujet, m'ont poursuivi comme l'oiseleur poursuit la colombe.

(*Thren. 3. 52.*)

PONTARLIER,

IMPRIMERIE DE J.-C. THOMAS.

—

1855.

LES
ADIEUX D'UN VIEUX MAITRE

A SES

NOMBREUX ÉLÈVES.

Venatione ceperunt me quasi avem inimici mei gratis.

Ceux qui me haïssent sans sujet, m'ont poursuivi comme l'oiseleur poursuit la colombe.

PONTARLIER,

IMPRIMERIE DE J.-C. THOMAS.

—

1855.

IMPRIMERIE DE J.-C. THOMAS A PONTARLIER.

LES
ADIEUX D'UN VIEUX MAITRE

A SES

nombreux élèves.

Venatione ceperunt me quasi avem inimici mei gratis.

Ceux qui me haïssent sans sujet, m'ont poursuivi comme l'oiseleur poursuit la colombe.

(Thren. 3. 52).

En quittant en 1830 les honorables et importantes fonctions d'instituteur primaire, qui m'avaient été confiées en 1800, par l'un des plus célèbres ecclésiastiques du diocèse de Besançon, et confirmées en 1815 par les vénérables membres de la municipalité du lieu où j'ai longtemps exercé, j'éprouve, après un demi-siècle de pénibles travaux, le besoin de témoigner à tous ceux qui m'ont aidé et protégé dans ces modestes fonctions, ma vive reconnaissance, et de dire un mot d'adieux aux nombreux élèves qui, dans ce long espace de temps, ont successivement reçu mes humbles leçons. Ainsi, mes bien chers élèves, je viens ici vous exprimer à tous, aux anciens comme aux jeunes que j'ai quittés naguère, toute ma satisfaction pour la soumission respectueuse que vous avez eue à mon égard. J'aime à le dire : aucun de vous, à quelques exceptions près, ne m'a causé de chagrins, aucun de vous, durant tant d'années, ne s'est révolté ni contre mes remontrances, ni contre mes corrections. Si celles-ci vous ont paru quelquefois un peu sévères, si quelques-uns ont eu à se plaindre de la discipline que je tâchais de faire régner pour le bien de tous, tant dans l'intérieur de l'école qu'au dehors, aucun, j'en suis sûr, ne se plaindra que j'aie négligé son instruction ! S'il y en a qui ne sont pas aussi instruits qu'ils devraient l'être, c'est leur faute ou celle de leurs parents qui ne les ont pas laissés assez longtemps fréquenter ma classe. De ma part, je puis le dire, rien n'a manqué : les rentrées de chaque jour, la tenue de l'école, étaient régulières, surtout en hiver, où les séances commençaient et finissaient avec le jour. L'exactitude des exercices, tant des jours d'œuvre que des dimanches et fêtes, la rareté des vacances qui ne se donnaient que pour récompenser un travail soutenu, la surveillance physique et morale, les avis, les remontrances, l'exemple, tout de ma part a été mis en œuvre. Dans mon école, l'enseignement a toujours été basé sur la connaissance et la pratique des devoirs imposés par notre sainte religion. Je me suis occupé d'inculquer ces devoirs dans le cœur de mes élèves, autant par l'exemple que par mes leçons, et ce serait aujourd'hui pour moi un grand chagrin, si je les voyais irréligieux, impies, livrés au désordre. De plus, les encouragements à mes frais, les promenades à la fois les plus instructives et les plus agréables, les concours, les dialogues les plus intéressants, les livres les plus instructifs et les mieux choisis ont été procurés par mes soins. Enfin j'ai cru faire marcher l'instruction avec les progrès raisonnables du siècle, en adoptant les nouvelles méthodes lorsque je les croyais bonnes. Aussi l'on a pu remarquer qu'au fur et à mesure de mon avancement dans la modeste autant que noble carrière de l'nistruction, l'éducation allait se perfectionnant toujours. Quelle énorme différence en effet de mon école en 1800, ou en 1850 ? Les pères et les grands-pères ont pu le remarquer dans leurs enfants et leurs petits-enfants. N'ai-je pas offert à tous, même après qu'ils avaient quitté l'école, les moyens de perfectionner leur instruction, soit en leur offrant *gratis* l'entrée à l'école les jours de mauvais temps pendant l'été ; soit en offrant publiquement et par affiches, des livres pour utiliser les longues veillées de l'hiver ; soit en créant l'école d'adultes le dimanche après vêpres, laquelle je fus forcé, malgré moi, de quitter bientôt ; soit, je le répète, en procurant à l'école 280 volumes instructifs, 50 cahiers manuscrits et plusieurs grandes et belles cartes géographiques, comme on le voit dans l'inventaire signé de mon successeur ? Si donc je n'ai pas réussi à réaliser tout le bien que j'aurais voulu faire, ce n'est certainement pas faute de dévouement ni de zèle. Combien d'hivers j'ai passé sans voir l'un ou l'autre bout du village, tant j'étais attaché à mon travail !

Si parmi vous, mes chers amis, il s'en trouve à l'avenir qui oublient mes avis, qui s'écartent du chemin de l'honneur ; s'il en est qui négligent leurs devoirs religieux ; s'ils abandonnent les offices et les sacrements de l'église, pour fréquenter les auberges et les jeux ; s'ils désobéissent à leurs parents, et se moquent de leurs avis ; s'ils deviennent des coureurs de nuit, des tapageurs, des diseurs de sottises ; s'ils deviennent paresseux, ivrognes, débauchés, joueurs passionnés, ils ne diront pas que c'est moi qui leur en ai donné l'exemple. S'ils sont un jour chicaneurs, querelleurs ; s'ils veulent tirer vengeance de toutes les injures, de toutes les calomnies et de tous les outrages dont ils seront l'objet plus tard, et qu'il n'y ait plus à l'avenir ni paix, ni union entre eux ; ce ne sera pas non plus moi qui leur aurai donné cet exemple. S'ils ne se rendent pas service les uns aux autres, ce ne sera pas non plus de ma faute ; car vous savez tous si jamais j'ai refusé un service à qui que ce soit, lorsque j'ai pu le rendre, et si je ne me suis pas toujours empressé, de nuit comme de jour, d'obliger tous ceux qui avaient recours à moi, soit en santé, soit en maladie, et cela sans aucun motif d'intérêt personnel. Mais, mes chers élèves, il n'en est aucun parmi vous qui tombera dans les désordres que je viens de signaler, car j'espère que tous vous profiterez de l'éducation que je vous ai donnée ; que tous vous marcherez, à mon exemple, dans le chemin de l'honneur, de la probité, de la politesse et de l'honnêteté ; que vous pratiquerez fidèlement la vertu, qui fera votre bonheur en cette vie et en l'autre ; étant tous persuadés que sans la pratique de la religion catholique vous ne pouvez être ni bons chrétiens, ni bons citoyens, quoiqu'en disent les incrédules qui veulent vivre à leur liberté.

Si, dans le cours de ma vie, des personnes très-respectables m'ont honoré de leur confiance ; si j'ai reçu des assurances flatteuses d'amitié des personnages les plus éminents par leur mérite et leur haute position dans le monde ; si je me suis un peu mis à l'abri de la misère, c'est que, vous le savez tous, mes chers amis, j'ai joint à une sage économie (1) et à une conduite régulière, un travail opiniâtre et persévérant. Aussi, ce n'est que par ces moyens, et non par des libations copieuses et fréquentes dans les auberges, libations égayées par des jeux passionnés ou par des propos trop souvent obscènes et impies, que je me suis procuré ces précieux avantages. Si un très-grand nombre de pères de familles de divers cantons de l'arrondissement m'ont honoré de leur confiance pour instruire leurs enfants, et cela pendant un demi-siècle, ne comptant pour rien l'éloignement et la dépense, c'est qu'ils étaient bien convaincus, par leur expérience, que j'étais loin, bien loin d'être ce que d'insignes calomniateurs, envieux et jaloux, ont débité sur mon compte.

C'est en vain que quelques-uns de mes détracteurs de 1849 diront que mes vieilles méthodes d'enseignement ne valaient plus rien ; car si elles avaient été si mauvaises, comment s'est-il fait que le conseil royal de l'instruction publique, à Paris, m'ait décerné une médaille d'argent pour *l'emploi de bonnes méthodes ?* Comment s'est-il fait que MM. les inspecteurs des é-

---

(1) 1 fr. 30 c. seulement par semaine, dépensés en tabac, pipe, café, goutte et jeux, font qu'on a déboursé pour ces futilités, en 60 ans, 4,080 francs et que si on eût prêté chaque année à intérêt composé, l'on aurait au bout de 60 ans, une somme dépassant 24,000 fr. : voilà où mène l'économie. Combien dépensent dans ce même temps ces hommes qui sont si souvent au cabaret !

coles, que l'Académie de Besançon, le Grand-Maître de l'Université de France, Ministre de l'instruction publique, m'aient honoré chacun de diverses récompenses? ou bien mes détracteurs s'érigeant en juges, auraient-ils l'orgueil de se croire plus instruits que des Académies? Ils diront aussi, qu'ayant un sous-maître pour enseigner, l'un fait d'une façon, l'autre, d'une autre et que cela retarde les progrès : c'est là une calomnie si absurde qu'elle tombe d'elle-même. Est-ce que deux ouvriers dont l'un est subordonné à l'autre, n'avancent pas plus l'ouvrage que s'il n'y en avait qu'un seul?

Ils diront encore que je n'ai point fait d'élèves. A cela je réponds que les maîtres renommés qui m'ont précédé, n'ont pas eu plus de succès. En toute vérité, cependant, j'ai un grand nombre d'élèves qui brillent aujourd'hui dans différentes carrières, qui me témoignent leur reconnaissance et qui m'honorent de leur amitié en me faisant visite, ou en entretenant correspondance avec moi ; ce qui contraste singulièrement avec ceux qui m'ont méprisé et me méprisent encore.

Mes détracteurs diront aussi, et c'est déjà dit : que présentement qu'on ne me paie pas, je ne vais plus si souvent à l'église ; mais surtout que je ne vais plus chanter ; que je montre par-là le mauvais exemple. Je réponds que, lorsque ma santé me le permet, je vais plus souvent à l'église que ceux qui parlent contre moi. Si je ne vais pas au lutrin, c'est que dès longtemps, on le sait, ma poitrine affaiblie ne me permettait que très-rarement de chanter ; ce qui est d'autant plus vrai, que depuis grand nombre d'années j'avais un chantre attitré pour me remplacer. D'ailleurs, comment

veut-on , qu'après m'avoir ôté la direction de l'école ,
j'aille encore diriger le chant de l'église ? L'un ne va-t-
il pas avec l'autre ? Ne serais-je pas un vrai lâche , si,
après avoir dirigé le chœur pendant 40 ans, je me lais-
sais faire , et me soumettais à la direction de jeunes rem-
plaçants ? Au surplus , l'habitude que j'avais de punir
sur-le-champ les enfants qui badinaient devant moi à
l'église , m'aurait remué la bile en les voyant se mal
comporter, sans avoir l'autorité de les reprendre.
C'est pour cela que j'ai dû, quoique à regret , quitter
la place la plus honorable pour venir dans la dernière,
où je ne vois plus rien que mon livre de prières.
Chacun sait donc bien le motif qui m'a placé là.

Quelques-uns me diront enfin, pour jeter du ridicule
sur ma conduite, que j'étais un intriguant. Comme ce
mot peut être répété devant des jeunes gens, je vais,
pièces en *mains*, faire connaître quelques-unes de mes
prétendues intrigues, afin que l'on sache , si elles ont
été nuisibles à la commune, qui m'avait chargé de
conduire différentes affaires à bonne fin.

Eh bien ! j'ai été intriguant d'abord en 1811 , pour
appaiser un procès qu'un homme puissant faisait très-
injustement à la commune ;

Intriguant en 1813, pour empêcher la vente des
biens communaux et obtenir un arrêté du conseil de
préfecture à ce sujet ;

Intriguant en 1814 , pendant l'été, pour exempter
la commune d'une garnison , ou d'un détachement de
soldats des armées alliées , dont toutes les communes
environnantes étaient encombrées ; dans la même année, pour disséminer dans les villages voisins un régi-
ment entier qui devait se reposer et stationner dans la
commune ;

Intriguant en 1815, pour faire reconnaître, au moyen d'anciens titres tout poudreux, les droits d'usage, de pâturage dans une forêt de l'Etat;

Intriguant en 1816, pour réclamer en faveur des pauvres cultivateurs, ce qui pouvait revenir à la commune sur les 12,000 francs que le gouvernement suisse avait donnés à l'arrondissement, en indemnité des escroqueries faites à Pontarlier par le commissaire des guerres de l'armée confédérée;

Intriguant en 1817, pour obtenir du gouvernement le plus d'argent possible sur les 17 millions accordés par le roi pour soulager les pauvres, qui reçurent dans cette commune, les uns 20 francs, les autres 30 francs; même intriguant en ladite année 1817, pour obtenir le plus possible à la commune sur les 11 millions accordés par le roi et les princes en faveur des indigents les plus âgés et les plus infirmes, des départements qui avaient le plus souffert de la guerre;

Intriguant en 1819 et 1820, pour obtenir l'ordonnance royale qui autorisait la commune à construire une usine afin de se soustraire au despotisme du propriétaire de l'usine du village, qui voulait doubler les prix de moûture et de sciage, laquelle construction fut entravée de mille manières, d'abord par l'administration des forêts, par celle des douanes, par celle des domaines, par celle des ponts et chaussées, et enfin par les propriétaires d'usines, notamment par celui qui voulait nous asservir;

Intriguant en 1821, pour faire changer le canton de réserve qui était au bas de la forêt, et le remettre en haut;

Intriguant en 1822, pour obtenir du ministre l'autorisation de couper et vendre trois hectares de bois communaux;

Intriguant en 1823 , pour faire liquider à Paris l'ancienne caisse des dépôts et consignations , créée par Napoléon 1ᵉʳ ; de plus pour recouvrer une somme de 965 francs qui servit à rembourser pareille somme dont les alliés avaient frappé les plus riches du village dans la contribution des 500 millions ; enfin dans la même année , pour rembourser, à bon marché , les capitaux de rentes dont était grevée la commune depuis 1636 , 57, 58, 59 et 1720 ; rentes dont les intérêts annuels étaient de 71 liv. , 1 sou, 8 deniers ;

Intriguant en 1825 , lorsque je fus nommé délégué par la commune à l'assemblée d'arrondissement , et que par suite ladite commune fut déchargée de 500 francs ;

Intriguant en 1831 et 1832 , pour faire suivre à Paris la ratification des droits d'usage , pour le pâturage dans une forêt de l'Etat, tant au ministère des finances, que dans les directions générales de diverses administrations ;

Intriguant en 1833 , pour obtenir un arrêté du conseil de préfecture , établissant la quantité de bétail qui devait parcourir dans cette même forêt de l'Etat, que l'administration forestière avait déclarée toute entière non défensable ; lequel arrêté fixe à 200 les pièces de bétail à admettre tous les 2 jours au pâturage dès le 1ᵉʳ juillet ;

Intriguant en 1835 , pour avoir inventorié et analysé tous les anciens titres de la commune ; de plus , pour avoir déterré d'anciens titres qui prouvaient d'énormes anticipations de terrain communal , pour lesquelles le propriétaire reconnaissant la vérité du fait, a restitué amplement la valeur à la commune ;

Intriguant en 1841 , pour avoir fait diminuer les évaluations cadastrales des communaux et des forêts ;

Intriguant en 1845, pour avoir rédigé le tableau des pertes éprouvées par l'effet de la grêle et avoir suivi une demande de secours en faveur des victimes ; ce qui valut aux habitants 469 fr. d'indemnité ;

Intriguant en 1847, pour avoir procuré les documents nécessaires à une légitime défense contre l'ambition d'une commune voisine, qui voulait annuler une délimitation des territoires ; mais dont l'injuste et ambitieuse prétention fut repoussée par un arrêté de M. le préfet, qui nous maintint dans les anciennes limites ;

Intriguant encore, en 1848, pour faire réduire administrativement l'amodiation de l'usine communale, énormément disproportionnée avec sa valeur réelle, en prouvant que les fériations annuelles étaient très-dommageables au fermier, et que 16 usines de ce genre et 5 scieries existaient dans un rayon d'*un* myriamètre ;

Intriguant enfin en 1849, et toujours intriguant, pour avoir procuré un sous-maître qui a si bien convenu aux votants, qu'après six mois d'exercice sous mes ordres, il m'a été préféré et substitué ; mais qui assurément ne servira ni mieux, ni plus longtemps, ni plus honorablement.

Eh bien ! voilà la série de mes intrigues principales, sans compter grand nombre d'autres, toutes à l'avantage de la commune, ni celles, plus nombreuses encore, en faveur d'une multitude de particuliers qui, dans l'intérêt de leurs affaires, avaient recours à moi, et toujours sans que je portasse le moindre préjudice à l'école. Jugez à présent, mes chers amis, si ma conduite a répondu à la confiance que m'accordait la grande majorité de la commune, et si mes services ont été utiles ou non. Jugez si cette confiance était mal placée, malgré tout ce qu'ont pu et ce que pourront encore inventer et dire ceux qui se sont déclarés mes ennemis, sans que jamais pourtant ils puissent affirmer que je leur aie fait du mal. La suite apprendra s'ils réussiront bien mieux dans le choix de mes successeurs, soit pour les affaires d'administration, soit pour l'éducation de la jeunesse, soit pour la renommée.

Voilà donc, mes chers élèves, ma carrière d'instituteur terminée ; un peu plus tôt que je ne pensais ; car je comptais que tant que j'aurais un souffle de vie, je pourrais le consacrer à l'éducation des enfants de mon endroit natal, et réaliser à cet effet des améliorations qu'une longue expérience me permettait de faire dans l'enseignement, mais le vote malencontreux du 19 mai 1849, m'en a douloureusement empêché. Ce vote a été le fait d'un 50me des habitants, et encore dans cette minime fraction, les 3/4 l'ont-ils fait aussi innocemment que l'autre quart l'a fait malicieusement, pour m'ôter la direction de l'école et la surveillance des enfants, ce dont on n'avait pas le droit ; mais par cela qu'il vient d'hommes que je croyais être mes amis les plus dévoués, tandis que, dans le fond, ils n'étaient que des ennemis cachés, comme le prouve leur ouvrage, j'ai voulu tout abandonner, me trouvant tellement déconcerté et découragé, que ma plume se refuse de retracer l'amertume de ma douleur, et le dégoût d'une pareille ingratitude. Je suis d'autant plus peiné de ce vote malheureux, que ceux qui s'en glorifiaient et se promettaient merveille de mon remplacement, n'en ont pas retiré le moindre avantage, si ce n'est peut-être le plaisir diabolique de croire me faire du mal. La commune non plus n'en a point retiré de profit ; bien au contraire, car elle aurait pu pendant toute la vie de l'ancien instituteur, au moyen d'un sous-maître qu'il aurait conduit, dirigé et surveillé, être exempte d'une dépense énorme en chauffage, en réparation, appropriation et peut-être reconstruction de maison d'école, comme aussi n'avoir pas le fardeau d'un traitement qui surpasse de beaucoup celui de l'ancien instituteur, malgré moins d'ouvrage fait ; la chose en est évidente.

Nonobstant cette noire ingratitude, dont j'aurais facilement pu tirer vengeance, je pardonne bien volontiers à tous, et je me trouverai heureux de leur rendre service dans l'occasion ; car je n'ai ni haine, ni rancune, ni récrimination contre personne, pas même contre le chef ou les chefs de cette cabâle. Aussi, lorsque arrivera le terme de mes jours, et que je descendrai dans la tombe, je n'emporterai pas avec moi le regret de n'avoir pas fait tout le bien possible pour l'éducation de la jeunesse jusqu'au moment où l'on m'en a ôté les moyens, ni le remords d'avoir jamais fait sciemment du mal à quelqu'un, ou d'avoir refusé un service à qui me l'a demandé.

Adieu donc à vous tous, mes chers élèves de tout âge, adieu ! souvenez-vous, je vous en prie, des avis que je vous ai donnés, et mettez-les en pratique ; votre bonheur en dépend. Entretenez entre vous, je le répète, l'union, la paix et la concorde ; ne faites jamais aux autres, même en plaisantant, ce que vous ne voudriez pas qu'on vous fît ; n'oubliez jamais la fin pour laquelle Dieu vous a mis au monde ; rappelez-vous qu'il n'y a de paix, de sécurité et de bonheur dans la société, comme dans les familles, qu'autant qu'on a une fidélité constante aux croyances catholiques et aux devoirs qu'elles imposent. — Sans religion, aucune société ne peut subsister; Platon l'a dit, il y a plus de deux mille ans. Ne lisez jamais de mauvais livres, mais lisez et relisez fréquemment l'ouvrage intitulé : *L'école des mœurs*, par l'abbé Blanchard ; vous y trouverez expliquées les maximes de la sagesse ou de l'honnête homme, que tant de fois je vous ai fait apprendre par cœur à l'école (1). Cet excellent livre vous apprendra tout ce qui est nécessaire pour vivre en bons catholiques et en bons citoyens. Vous verrez comment y sont confondus ces hommes orgueilleux, ces philosophes antichrétiens, qui ne veulent croire à aucun mystère, et se font gloire de leur incrédulité. Souvenez-vous bien, que s'il n'y avait ni paradis, ni enfer, comme ils ont l'impudence de le dire, contre l'enseignement même de toutes les religions et la croyance de tous les peuples anciens et modernes, chrétiens et payens, on ne perdrait encore rien de croire aux vérités de la religion et d'y conformer sa conduite, au contraire. Ne vouloir croire que ce que l'on comprend, c'est absurdité ; car dans la nature même tout est mystère. En suivant fidèlement ces avis, mes chers élèves, vous gagnerez le ciel où j'espère aller bientôt vous attendre, et où nous chanterons un jour ensemble l'alleluia éternel.

Adieu, chère commune et chère paroisse que j'ai tant aimées ! Puissent tous ceux qui habitent et habiteront dans votre enceinte, être heureux toujours ici-bas et ensuite éternellement au ciel !

Adieu, chère église, que je me suis plu tant de fois, et pendant si longtemps, à orner de feuillages verts et fleuris dans les grandes solennités, et où si souvent j'ai

---

(1) Rendez au Créateur ce que vous devez lui rendre.
Réfléchissez avant de rien entreprendre. etc. , etc.

chanté les louanges du Dieu tout puissant. Bientôt on chantera pour moi dans ton sein, je l'espère des nombreux élèves que j'ai formés au plain-chant, les offices funèbres, que moi-même y ai chanté, pour plus de 450 personnes que j'ai accompagnées au tombeau.

Adieu, cloche, dont tant de fois j'ai fait retentir la voix sonore, soit pour appeler les fidèles aux offices de la paroisse, soit pour annoncer la mort de nos parents chéris. Je désire ardemment qu'aucun de mes chers élèves ne soient jamais sourd à ta voix lorsqu'elle appellera les fidèles aux offices. Bientôt, ton son lugubre annoncera que je ne suis plus.

Adieu, lampe ardente, dont j'ai tant de fois ranimé la flamme mourante. Dans peu tu éclaireras quelques instants mon corps lorsqu'on le portera à l'église pour la dernière fois.

Adieu, cher pasteur, je vous ai introduit dans la paroisse où j'ai été, dans ma petite sphère d'action, votre humble et dévoué serviteur durant 27 ans. Bientôt vous introduirez mon corps inanimé dans la tombe, après avoir, par la vertu des derniers sacrements, introduit mon âme dans le ciel, où j'espère me trouver avec vous, et les vénérables pasteurs qui vous ont précédé, avec tous mes parents, mes amis, mes élèves, et les fidèles trépassés de notre chère paroisse, dans la jouissance de l'éternelle félicité.

1er janvier 1851.

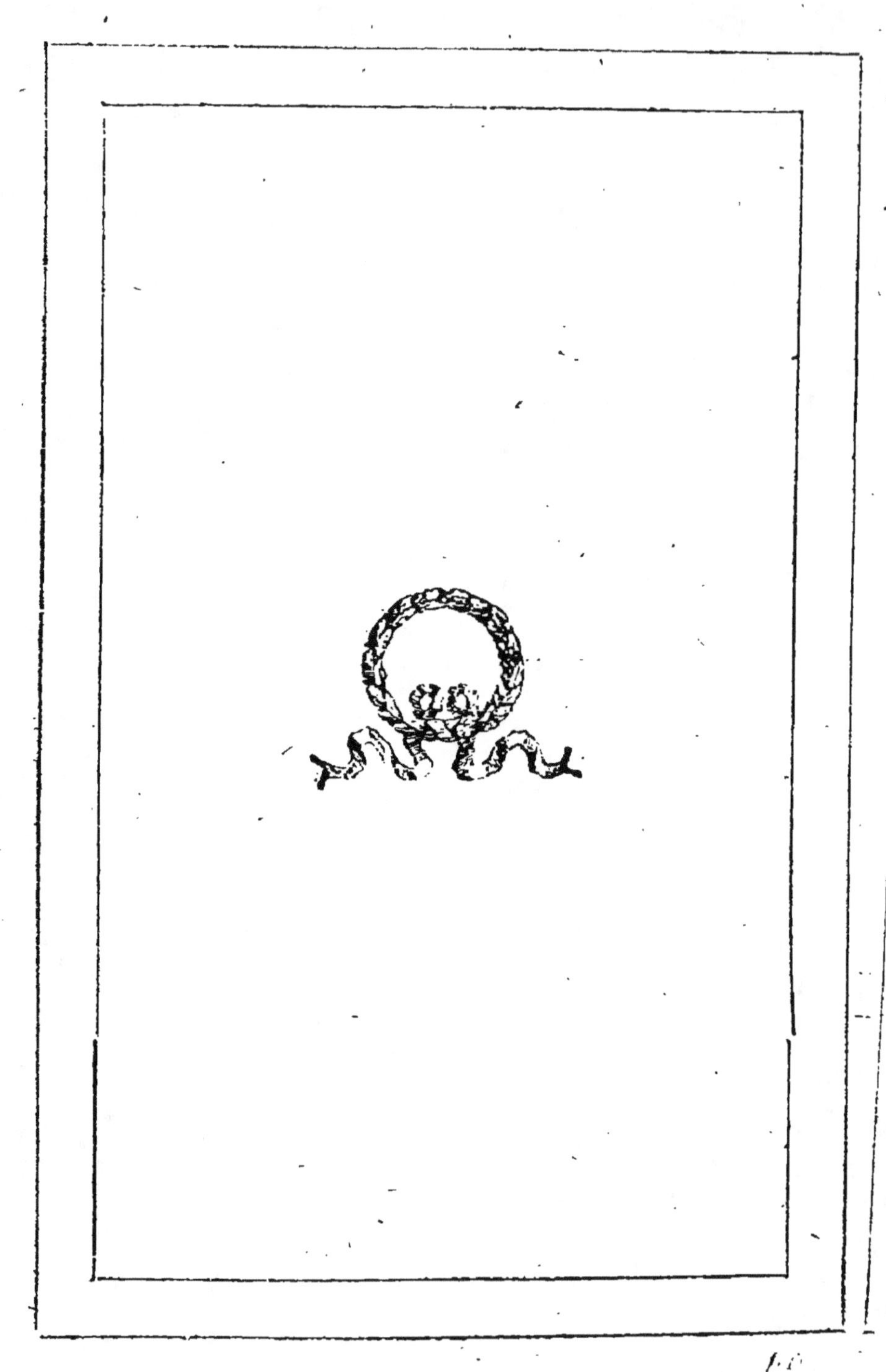